Paraula de Sas

David Sas

Il·lustracions d'Èrika Vico "Naur"

Título original: Paraula de Sas
Autor: David Sas
info@davidsas.cat
Ilustraciones: Èrika Vico
Corrección y maquetación: Èlia Ríos
Primera edición: noviembre de 2020
ISBN: 9798558847338

Biografia

David Sas (1981), còmic monologuista natural de terres pallareses, comença en el món de la comèdia l'any 2010 i des del 2012 ençà dedicant-s'hi professionalment.

Teatres, ràdio i actuacions per tot el territori català amb quatre espectacles en cartellera en els últims sis anys.

Una persona completament autodidacta tant en el món del stand-up com en l'escriptura.

Estudiant d'informàtica i cuiner (entre altres feines) va decidir deixar qualsevol ofici per l'art de fer riure escribint els seus propis shows.

Ara, i després d'una pandèmia, recopila els poemes escrits durant el confinament.

A tots aquells que em valoren i m'estimen
i als que mai ho han fet.
Aquest humil llibre és per tots ells.
Sobretot pels segons,
els primers no el necessitaven,
ens haguéssim seguit estimant igual.

Pròleg

Siempre digo que la vida es maravillosa. Es una frase que me motiva para sacar las cosas bonitas que nos ofrece. A veces nos deja boquiabiertos dándonos bofetadas a mano abierta y otras nos transporta al máximo placer de sentirnos vivos.

En marzo de este año la vida quiso parar el mundo. Nos quiso demostrar que a veces no tenemos el control de nuestros días. Algunos perdieron la cordura, otros se marcaron horarios y tareas para no decaer y otros se reinventaron. Mi brother, David, es de los últimos; se reinventó. Cómico desde hace ya más de diez años, apareció una tarde del confinamiento con su primer directo en Instagram. Él dice que nunca llegó a imaginar todo lo que llegaría a suceder desde aquel día. Bueno, en realidad, ninguno de nosotros.

Recuerdo aquel día en el que nos dijo: "Viernes noche, sesión de poemas y relatos". Yo pensé "está chalado, el confinamiento lo está trastocando". Solo de recordar aquel momento, el primer poema, se me erizan los pelos... Estábamos acostumbrados al humor de David, a sus risas; tiene el don de convertir anécdotas simples en grandes historias de humor. Aquel viernes noche nos recitó la vida. Lágrimas, suspiros, emociones, cúmulo de sensaciones... Maravillosa la vida, repito.

La primavera es mi etapa favorita. Los campos se visten de sus mejores galas, el clima es agradable (adoro la rebequilla), los pájaros realizan sus cortejos, la tierra huele a mil aromas... Si debiera resumir en pocas palabras lo que fue David en esa etapa sería eso, una primavera, una flor naciendo, frescura y color.

Que me pida que le haga el prólogo es de estar muy loco, yo soy de pinceles y martillos. Debo decirte que estoy súper orgullosa de que hayas comenzado esto y lo acabes, que no se quede en papel confinado, que pueda saborear tu alma todo aquel que quiera leerte. No eres el típico escritor que busca el aplauso fácil, escribes con mochila cargada de verdades, de dolor, de injusticias, de experiencias reales y crudas. Y eso me encanta.

Gracias por ser uno de los pilares importantes de esta etapa y de las que vengan. Tengo el corazón feliz viendo como tus pasos van dejando huella en las almas de muchos que te queremos. Sé que el día que Ivet sepa de tu trayectoria en la vida (ahora es pequeña) no podrá sentirse más agraciada y orgullosa de que seas su padre, hombre luchador y constante. No cambie, brother y siempre hacia adelante.

Bueno, ahora ya me callo y os dejo saborear cada página, cada verso acompañado de una buena música de fondo y un buen vinito en copa.

Èrika Vico "Naur"

9

*Tot va començar amb aquest text una nit
del mes de març de 2020. A l'inici del confinament
total per la pandèmia del Covid-19.*

Días inciertos

Días cortos y noches de pantalla.
Comparecencias de gobernantes sin rumbo
dando noticias a tripulantes sin recursos.

Paredes que aprietan.
Cuadros que ya no gustan.
Aire que ahoga.

Armarios limpios y ordenados con ropa
de primavera en ERTE.
Cómicos y cómicas haciendo pruebas de sonido
a sus micrófonos desenchufados.
Artistas creando para mantener su alma en movimiento.
Maestras y maestros siendo ahora ellos
alumnos de la vida.
Camareros y camareras sacando brillo con ginebra
a su paciencia.

Quiero un café.
Quiero volver a decir "¿Qué te debo?".
Incluso el ruido de algo tan tóxico
como una vulgar máquina tragaperras echo de menos.
Necesito mi vida otra vez.
Te necesito a ti.

HAUR-20

Clown

Me he vuelto un ser insaciable. Siempre quiero más.
Más ritmo, más vida, incluso más dolor.
De él también aprendo.
Cicatrizo el mal con curvas de sonrisa
para que me acompañen en tiempos dulces.

Veo el amanecer como el telón que se abre.
La luz del sol son los focos que van a iluminar mi cara
para captar la atención del público.
Es primera hora y ya llevo la nariz puesta.
Me he maquillado durante las últimas horas de sueño.

La música de apertura del show suena en mi cabeza.
Es una voz más de las muchas que habitan
en mi interior.
No es locura ni enfermedad, es pasión.
Es ganas de entregarme y dar la espalda
a la soledad y a la tristeza.

No las quiero en mí. Ya las tuve
y nunca llegué a destino con ellas de compañeras.
Estando yo en escena ellas se quedan
entre bambalinas, en silencio,
esperando que se acabe el acto.
Lo que no saben ninguna de las dos es que de cada función
salgo más fuerte
y con más cariño en mi alma.
Pronto se aguantarán la una a la otra.

–¿No te cansas de ser un bufón? —me preguntaron una vez.
–Para ser un bufón, tú deberías ser un rey. Y no llegas
ni a imbécil —respondí.
Cuando llevo todos mis atuendos puestos soy imprevisible,
puedo ser un payaso Augusto, Clown o Arlequín.

¿Qué más da, si tu risa es el fin?

15

Que

Que nos den.
Que nos den paz.
Que no cueste lágrimas el recibo de la tregua.
Que la felicidad sea al alza
y se disfrute como en caída libre.

Que el reír sea el perdón
y el abrazo el "no volverá a pasar".
Que nuestros niños aprendan a brillar con cielos limpios
y que las arrugas de nuestros mayores sean las bases de sus valores.

Que las caricias se den sin interés,
que los besos no haya que devolverlos.
Que el amor sea amor y el sexo diversión.
Que solo se grite de placer,
que el no nunca le suene a nadie a sí.

Que la libertad sea libre para el bien y barrera para el mal.
Que tú, que lees esto, tengas salud y fuerza
para condenar a aquellos
que no dejen cumplir la voluntad de tus qués.

Le rendí homenaje a tu andar
y marché lejos de ti.
Valoré tanto tu valor
que decidí olvidarte.

Adrenalina nocturna

Las mañanas me duermen
y las noches me despiertan.
Adrenalina nocturna
con resaca hasta el atardecer.

Mi cuerpo tiembla,
mis reacciones son lentas como el cine de autor sueco.
¿Quién me vende sueño y me regala dulces despertares?
Pago con mediodías cargados de energía
y sobremesas de risas y caricias.

Aunque espera,
pensándolo bien, si me necesitas
estaré en la oscuridad de la noche.
Con el silencio se transportan mejor las palabras
y el abrir y cerrar de tus labios
suenan como leves tambores que amenazan guerra.

Del "nunca lo conseguirás"
al silencio absoluto
solo hay un acto de fe.

"

Bondad

La bondad y la gratitud no se compra
como la maldad y el egoísmo.
El bien atrae al bien
y el mal se repele solo.

Un gesto, una palabra o una mirada
cubre más que una pistola cargada.
Regala sonrisas y te volverán caricias.
Dispara balas, acarrea con el odio
de decenas de almas.

Cuando se rían, que lo hagan contigo,
no de ti,
lo averiguarás rápido por la mirada.
Al miedo y a los hijos de puta hay que mirarles a los ojos.

El que te quiere te lo hará saber
ya sea con la voz o con su luz,
a millones de kilómetros por recorrer.

Músics al carrer,
balls sota els balcons,
nits eternes al record
i la Lluna fent l'amor amb el Sol
amb adéus de complicitat.

"

Olor a son

Vaig dibuixar el seu record,
intentava ser fidel a tanta bellesa,
no era senzilla la obra
però que present tenia la seva imatge.

Mentre anava avançant el llenç
podia sentir la seva olor de son.
Una olor que només la conec jo
i l'amor que sentia per ella.

L'amor en la memòria es multiplica,
el dolor amb el temps es calma,
el desig es magnifica...
però en el cas d'ella,
tot se m'ha quedat guardat a l'ànima.

NAU R·20.

Futuro no deseado

Carbón en leña aún no quemada,
que el jilguero se siente pesado
al romperse de base su particular altar.
No lo vio antes por no soplar aire
en tardes calurosas y vacías de andar.

El néctar de las flores se lo come el tiempo,
las agujas del reloj juegan a esgrima
mientras los calendarios son usados
a retales para sortear un mañana.
No hay noticias de ningún dios,
ni canciones de ángeles al alba.

Las sombras cada vez son menos,
puesto que el sol ya no es más
ni quiere ser lo mismo sin nadie.
Las últimas pisadas sirven de oasis
para insectos buscando sed como oficio.

Esperemos que estas letras
no sean premonición de una tierra rota
por carnes podridas en vida y almas puras muertas.

El esclavo le canta a la libertad.
El sordo baila al son de la vida.
El ciego se enamora de una mirada.
El débil lucha contra todo.
El fuerte se esconde.
El vivo le teme a la muerte.
Y el muerto no comprende como se ha vivido.

"

Venceré

Condenado por herejía y sentenciado con valentía.
Caminos exhaustos de fe recorren mis pies.
Lunas menguando eternamente
sin esperanza de plenitud regresada.

La noche, cada vez más lóbrega,
me desampara del frío.
Mi piel deja de tener el calor de un aliento,
de un rayo de luz o de un amanecer próspero.

La escarcha de la madrugada me recuerda
lo vital que era su abrazo y el silencio
lo necesaria que fue su voz.

Prefiero desear que pase el tiempo,
perder parte de la vida a que se detenga
y no pueda avanzar hasta la próxima cruzada.

Aún herido, fracturado y casi vencido, usaré mis últimos latidos
para hacerle ver al verdugo que sigo siendo el mismo hereje
al que nunca su cabeza se le ha cortado.

Solo soy culpable de amar.
Que me juzguen por dar,
sentenciadme los sueños.
Mi corazón es fiel a mí.
Y yo, aun viendo lejos la victoria,
la distingo entre la sombra de tanta maldad.
El frío no ha helado toda mi sangre.

La vida gira

Vomita palabras para conciliar el sueño,
escupe rabia para herir al insomnio,
empuja los malos pensamientos
al fondo de su mente, a veces demente
que no le deja ver más allá de sus cimientos.

Intenta llegar a la raíz de su ira
pero en el viaje al pasado
se paraliza al ver que su vida gira
como llevado sin voluntad por el viento.

Vientos exhaustos de aire mueren
como olas de la mar en calma
cuando la esperanza deja de ser alma
en un beso robado.

Tinc por

Tinc por.
Tinc por de no trobar
ni la pau, ni l'amor.
Tinc por de quedar-me
sempre en guerra amb mi mateix.

Tinc por de dormir
i somiar amb els meus monstres.
Però també tinc por de somiar bonic
i despertar amb la crua realitat.

Tinc por de perdre el poc que tinc
i, a la vegada, també tinc por de fer-me ric.
Tinc por dels atacs dels altres
però més por em fa el mal que jo pugui fer.

S'ha de ser molt valent per admetre
tantes pors en tan poques lletres.

Mi mano expresa

Cada vez que sujeto un bolígrafo
lo tengo que sujetar con firmeza
como si un temblor descontrolado
quisiera expresar por mí.

Me salen cosas del interior
que en ocasiones me perjudican, me desnudan.
Y luego me da frío.
Tengo que ir con cautela porque
incluso cuando solo lo voy a leer yo,
consigo sorprenderme.

Aun siendo diestro,
parece que lo haya escrito con la mano de apoyo.
¿Cómo puede ser que yo haya pensado esto?

He llegado a escribir cartas de suicidio estando
esplendoroso y fausto,
textos con fábulas preciosas estando metido
en la mierda hasta el cuello.
Vuelo, sueño, siento, lloro, río... Siempre en azul.
El negro es para el luto.
Y cuando escribo estoy vivo o, al menos, así me siento.

Mi cabeza va por libre. Mi corazón también.
Una ve dinero y trabajo;
el otro desahogo y calma.
Mi mano se está volviendo loca.

Una vez escribí en plena tarde de tormenta:
"Arráncame del pecho un lunar y perpetúatelo de lágrima
porque no me volverás a ver,
pero me llevarás contigo siempre"
Aún estoy buscando al destinatario.

No hay mayor verdad que el temblor de tus labios.

"

Dies passats

Matins de pluja amb tu,
tardes de sol sense veure'l.
Així van ser els nostres dies
fins que les condicions del temps
van començar a ser desfavorables.

Recordo l'olor d'aquell tabac
amb el perfum de la terra molla
que entrava per la finestra.
I sempre la mateixa frase;
"S'hauria d'aturar el temps".
Però la vida no va entendre bé el desig.

Mentre la flor de la ginesta sigui groga
i la de l'ametller blanca i rosada,
recordaré el paisatge que junts
imaginàvem dins del vi d'aquella copa.

Fet i amagar

De petit vaig creure en els àngels,
dibuixava ales amb la fi de poder volar.
Volia arribar a dalt dels arbres i
no fer tard a l'hora de dinar.

Al meu petit cervell hi havia lloc per tot;
felicitat, il·lusió, aprenentatge i jocs.
Els núvols mai eren grisos i lletjos,
la pluja no era motiu de tristesa,
eren ganes de sortir a buscar cargols.

Que ràpid passava el temps,
les hores eren curtes com els pantalons
que em deixaven rascar les cames contra les pedres
i als mosquits fer de mi el seu menjar.

Berenars de pa amb vi i sucre,
migdiades forçades per la calor de la tarda.
La suor de córrer i jugar
mai més ha sigut tan dolça.

De vegades penso que encara sóc
aquell nen tímid i rialler
que es deixava portar per la emoció
d'amagar-se i no ser trobat.

Ja és de nit un altre cop.
Puc sortir a jugar?
Deixa'm una estona.
Un, dos, tres, quatre, cinc, sis...
"Aquest cop, trencaràs l'olla".

Ivet

Llum, vida i somriures pel teu avui.
Patiment i angoixa pel teu demà.
Això és ser pare,
això és el què em dones tu.

Un dia em llevaré al matí
i encara no hauràs tornat.
El pit el tindré encongit
i el rellotge se m'haurà aturat.

Espero que quan això arribi
hàgim viscut el màxim de temps plegats.
Vull que el teu creixement sigui el meu envelliment
i la meva voluntat sigui el teu coratge.

Tot ha de venir.
Tot ha de passar.
Pressa no en tinc,
però no vull parar.

T'estimo fins passada la rotonda que hi ha
després de l'infinit, filla.

Que t'estimin amb la noblesa d'un ocell.

"

Amistad

No hace falta compartir sangre
para ser hermanos y andar de la mano.
La vida avanza y la mayoría caen
pero siempre hay uno que resiste,
inmortal en tu vida.
Un plato más en la mesa de tu hogar.

Espejo de risas.
Cojín de insultos y de abrazos.
Saco de descarga de iras
y sabio consejero.

Transportista de cerveza
cuando en ese bar
han habido llantos o risas.
Mano tendida después de haber
recriminado tu idiotez
y que nunca espera nada a cambio,
aunque tu gratitud se la muestras andando.

Ese que nunca será tu juez ni tu verdugo.
De niño, tu amigo.
De adolescente, tu hermano.
De mayor, tu escudo.
Y cuando todo esto acabe habrá sido
tu compañero de viaje.

Para Patricio Molina, fuiste, eres y estás.

Voy de negro esperanza porque
el verde de luto hipócrita está muy visto.

"

Dimoni

Fa molts anys que era petit,
i pocs que sóc gran.
He viscut congelat molt de temps,
el cor se'm va gelar en una nit d'estiu.

Només se m'escalfaba
davant d'aquella llar de foc
on vaig passar molts hiverns.

Nits llargues
plenes de confidències amb mi mateix
i cicatritzant ferides
amb el iode de la soletat.

Allí assegut en aquell banc de fusta,
mirant com les braces dels troncs d'alzina
quedaven vermelles com les portes de l'infern,
em vaig adonar de que tot en la vida et pot cremar.

Hi ha res més incandescent que el desig carnal?
No hi ha hidroavió que tot i volar el teu cel,
mentre et deixes portar
per una mirada poc terrenal,
pugui apagar.

Aquells ulls eren el diable. Ho sé.
Ho sé ara i ho sabia aquell día,
la calor m'ho deia.
Vaig sentir les rialles d'un àngel maliciós
a la vegada que la meva llengua
es feia en les braces del seu cos.

Mai hagués dit
que el dimoni podia pendre la forma
d'una dona tan bella.
Tots tenim un monstre al que témer.
En el meu cas dos. Ella i jo.

Ets invencible si mai et dones per vençut.

Caminar a destino

Mochilas llenas de andar,
piernas cansadas de soñar.
Esos montes fueron tiempo
en tiempos de esperanza,
con sus llanos como colchones
antiguos de lana para mandarle besos
a la estrella polar.

Decepciones de bebida isotónica
para fortalecer la rabia y caminar
con la mitad de gravedad,
casi sin importancia.

Una tormenta mojó
mis pertenencias,
más ajenas que nunca.

Con lo puesto llegué a destino,
aliviado con el vacío del recuerdo.
Aspecto aliñado con el llanto del cielo
y pecho caliente de quien luchó y ganó.

Las heridas ni sangran ni escuecen,
ni cicatrizan ni existen.
Al que sabe hacia donde anda,
nada ni nadie daña.

Escribir para sentir

Escribí una vez un libro y mil veces lo quemé,
porque sus letras eran mi dolor y mi llanto
pero sus cenizas eran mi ser.

Cada vez que escribo, imagino
y cuando lo hago, dibujo.
Trazo ideas y recuerdos con el efecto belleza subido.
Siete filtros lleva mi pasado para que no amargue mi presente.

El hoy aún no tiene color, todo está en construcción.
Supongo que lo acabaré mañana.
Entonces será ayer.
Me confundo con los tiempos.
Y no solo con los que me ha tocado vivir,
también con los que me van a hacer morir.

Por eso prometo que desde hoy
le pondré mil colores al día
para no depender de un futuro gris.

Dibújame con los dedos una luna en la espalda.
Mi piel erizada hará de cráteres
y mi sonrisa será la luz
que nos dejará ver esta noche.

"

Desear

Una mirada con olor a jazmín,
un beso con voz propia
y una caricia con sabor a miel.
Así quiero vivir,
así no voy a morir.

Piedra, papel y muerte.
La infancia, nuestra ruleta rusa.

"

Mierda de mundo

Tenemos realidad virtual, inteligencia artificial
y robótica casi humana.
Todo ello sale de mentes brillantes,
pero aún dividimos a los humanos por razas y clases.

Sigue muriendo gente por inanición
e inocentes son ejecutados por conflictos de culpables.

Pobreza que agranda la riqueza
y niños que mueren sin conocer la felicidad.

¡Váyanse a la mierda, señores de cabezas pensantes!

Dios

Si Dios me espera
quiero un alto en el camino,
un área de descanso
para preguntarle lo que me desespera.

¿Por qué hay hambre en el mundo
y comida pudriéndose en platos?
Cuando hay estómagos vacíos
de gente con corazones inmensamente llenos...

¿Por qué en tiempos de guerra
las almas más puras son el premio
de las más crueles y corruptas?
¿Por qué los señores que predican tu palabra
tienen la mente tan perturbada?
¿En qué comunión se celebra semejante aberración?

Tengo mil preguntas más y
ninguna respuesta me vas a dar.
¿Sabes qué creo? Que tu palabra es el arte del trilero.
Tienes a muchos que apuestan
para hacerme perder mi dinero que,
en este caso, es mi fe y mi credo.

Riure a mitges és morir del tot.

"

Derrotaré a la tristeza

Mi alma empieza a oler a alcanfor y pacharán.
Mi tristeza va ganando puntos
a la vez que mi esperanza
se hunde en el ranking de mis emociones.

Aún no estoy derrotado
ya que sigo escribiendo en azul
pero el negro oscuro calienta para salir.
Si esto pasa,
beberé de la sangre de aquel naranjo en el que te conocí.

Nota para la tristeza:
Me queda un caballo con hambre
y cuatro peones con la fuerza de doce leones.
Sudarás para derrotarme.
Y ya te adelanto que en el próximo movimiento
te pongo en jaque.

Mueve.
Y vigila con mi rabia.

Que mi andar sea tu esperanza.
Que mis fuerzas sean tu deseo.
Que mi ira sea tu venganza.
Que mi existir sea sin ti.

Brindemos

Quiero brindar por mi vida,
a viva voz y con alegría,
por mis aciertos y mis errores.
Por todo lo que me hace feliz
y por las metas que conseguí.

Por lo que me jode.
Por lo que he jodido.
Por lo que joderé.
Para que le jodan.
Para que les jodan.
Jodamos.
Vivamos.
Brindemos.
Amén.

Mare

Sacrifici, devoció i amor.
Tendresa, patiment i lluita.
Calor, desvetlla i comprensió.
Això són elles. Això és la meva.

D'ella surts i ombra et fa,
ombra per no cremar-te.
Refugi de mil amenaces.
Al pit on vas mamar
de gran hi pots plorar.

Tinc molts records de la infància,
M'agradaria tenir-ne més amb ella
però les meves necessitats eren les seves prioritats.

Hores i hores de feina
perquè jo pogués fer volar
la imaginació amb les meves joguines.

Dona forta. Dona de ferro.
No és eterna,
però espero que el temps que queda
sigui llarg com si volgués buidar el mar
amb la copa amb la que ara mateix brindo per ella.
T'estimo mama.

La humanidad empezó a extinguirse
horas después de que el dinero
cobrara tanta importancia.

"

Compartir

Vivimos en una puta sociedad donde tu *like*
es más importante que tú.
Hace tanto que no miras una placa de calle
que quizás te has perdido entre tanto reconocimiento en vano.

Despierta, coño.
Compartir es algo más que mostrar a los tuyos
algo que no es tuyo.
Es dar un trozo de pan al mendigo
o servir humildad al rico en un bol de sopa
donde ha cenado un niño.

Los demás te ven, pero no te miran.
Tu cuerpo no es admirado,
es utilizado para una mera masturbación
y luego queda en un *megabyte* descartado.

No eres nadie para nadie que no pueda abrazarte y decirte:
Te mataría por imbécil y te quiero por como eres.

Para Èrika

El arte no se hace ni se lleva,
ni se tiene, ni se busca,
ni se entrena, ni se compra.
Florece, se escucha y se vuelca.

No hay dos flores iguales,
ni nubes que lloren de la misma manera
ni silencios que digan lo mismo.
La genuidad es un instante irrepetible.

Hay seres con el alma cerrada,
que no transmiten porque nunca reciben.
Y las hay que regalan sin la necesitad
de obtener nada a cambio.

Un sentimiento se traduce en pieza,
como si el dictado de un dios fuera.
Sin pensar, siempre hacia delante.
Lamentarse es de mortales,
y el arte nunca muere.

Sigue prestando atención
a tan lindo corazón,
y que el agua dé color a las flores
de las que tus manos hacen llenar los bosques
de nuestra imaginación.

La meva terra

Et trobo a faltar.
Puc olorar la teva herba,
escoltar els llargs silencis,
veure els amagatalls de les nostres confidències
i sentir la protecció que em genera la teva llunyania.

Aquí on sóc jo falta l'aire,
no arriba el vent de port
ni el cantar de la puput.
I encara menys la frescor de les teves pedres.

Necessito abraçar-me a un boix
i fer de les rascades
boniques marques de record
per seguir lluitant en una terra que no vull
però em deixa viure.
Encara que de vegades m'estigui matant.

Bufa, bufa fort.
Travessa les muntanyes i fes
que m'arribi l'alè fred
de la calor de casa
i l'estima dels que m'han fet créixer.

Ser cómico en los tiempos que corren
es como ser bruja en tiempos de la inquisición.

"

La última

Una última oportunidad como obsequio
antes de ser devorado por la mezquindad.
Un último estar para aprender a estar sin haber estado.
Una gota de fe que se diluye en la agotada esperanza
y crear así una reacción milagrosa en una mente agnóstica.

Ese mensaje anónimo que te llega
con la asiduidad de un amor imposible.
Besos de aire en veranos ariscos
y abrazos de calma para tardes de tormenta.

Lunas que brillan para demostrarte
que el 'Yo soy' no es más que el 'Somos'
y enmudecer los rencores para iluminar las sonrisas
como segundo y definitivo acto de la obra.

El olor de un libro para saber que aún vivimos.
Unos versos llanos pero recitados
para que tu ceguera no necesite el tacto para creer.

Si se acaba antes la vida que la esperanza
es que has luchado hasta el final.

"

Que no te jodan

El hambre de la victoria
se sacia con la sed de la venganza.
Los recuerdos que apelmazan la ira
y no dejan digerir,
son motivos de vómito de rabia
para herir con el ácido de la bilis.

Olvidar.
Aprender a olvidar, decía el filósofo.
Perdonar.
Saber perdonar, proclamaba un dios de escayola.
Ignorar.
Ignora al ignorante, escribía el sabio.

Pero todos se ahogaron con su dolor.

Sé bueno, pero que no te jodan.
Si lo hacen, tu apetito será su llanto,
dije yo.

Sería el acento circunflejo
que resguardara de la lluvia tu nombre.

"

Placer mortal

Si me arañaras la espalda
igual que me desgarras el corazón
el dolor sería placer
y presumiría de tales cicatrices
como premio del recuerdo.

La última mordida de mi labio
no coincide con tus incisivos.
Busco en mi memoria y ahora sé
que es uno más de mis actos impulsivos.

Aun haciéndome daño
tu fragancia es el beso de buenas noches
que quiero que la muerte me dé.

Los ojos son para mirarlos, no para ver.

"

¿Sabes quién soy?

Dices que me quieres, ¿verdad?
Crees saber quien soy.
¿Amas lo malo que hay en mí?
Mis ideales son inamovibles,
mis pasiones no caducan.
Mis silencios los necesito como
la tierra necesita de la lluvia.

Tengo andares de artista vago
e inquietudes que me hacen
parar en el camino.
Me muevo por impulsos y
ni miro ni creo en el pasado.

Avanzo a ritmo de electrocardiograma.
A veces, aunque te parezca que estoy muerto,
estoy pensando en cómo seguir viviendo.

Si después de saber esto
sigues amándome,
pueden ser dos cosas;
tú eres yo o yo soy tú.

Arráncame el corazón del pecho
y sóplalo como el caramelo
que se te caía al suelo de pequeño.
Mis últimos latidos serán el estandarte
de mis muchas victorias y no menos derrotas.

Papel y boli

Hacía tanto que no escribía
que he tenido que hacer garabatos en un papel
para que mi bolígrafo empezara a sudar tinta.
Las primeras letras han sido su nombre
como título de esta reducción de recuerdos
bañada en whisky escocés.

Ha pasado tiempo de la última vez que compartí desayuno.
Creo recordar que era miércoles,
quizás jueves.
Sé que era festivo,
como siempre que estaba contigo.
Cafés amargos endulzados con tu compañía.

El cristal de la ventana empañado de nuestros gemidos.
Un abrazo por detrás acompañado de un beso en la espalda.
Daba igual la hora. Nunca la recordaré,
porque nunca le eché cuenta.
Juntos no existían los relojes,
pero nunca faltaron las sonrisas.

Recuerdo como iba aumentando mi excitación
mientras te duchabas.
Yo aguantaba.
Esperaba que ya estuvieras vestida para hacerte el amor otra vez.
Así era nuestro bucle.
Así era nuestra eternidad.
Un infinito con final.
Que paradójico, ¿verdad?

Reventé tantas veces dentro de ti
que tu corazón era mi big bang.
Te llené de meteoritos de esperma controlados con fármacos.
Los mismos que no pudieron detener mis ganas
de volar en globo
y ver mi realidad a dos mil metros de altura.

Te lloré encima muchas veces,
más fueron las que te corriste en mi boca.
Ese cigarro de boquilla mojada y filtro negro
(y si sois fumadores sabéis de qué hablo)
es mi memoria.
Espero que no sea mi futuro.

Nunca sabré si estas letras muestran algo que pasó
o que nunca fue.
Así soy yo.
Junto ideas sin razón
pero con mucho corazón.

Mata'm

Estima'm.
Fes-ho fort, ofega'm el pit.
Rep tot el que et dono
i dona'm tot el que reps.
Regala'm tot l'or del teu cos
que jo el valoraré com es mereix.

Mira'm com ho fa el diable
a una ànima verge.
I fes-me teu
sense desviar la mirada dels meus ulls.

Mossega'm,
confon el meu dolor amb el meu plaer.
Deixa que el control de la meva boca
es perdi entre els estímuls del cos.

Em tens entregat.
Estic lligat sense cordes,
pres sense manilles.
Boig sense medicació.

Mata'm.
Mata'm de plaer.

Ha llegado la hora

No le temo a nada.
Mis miedos se marcharon
junto a esas sábanas infantiles
que tanto me cubrieron.

Te he visto dos veces.
He jugado contigo decenas.
Acabas de entrar sin llamar,
me imagino que tanta osadía
es porque te urge mi alma.

¿Por qué ahora?
El mañana que dijimos ayer podría no ser el hoy.
Mis deseos en vida serán legados deshechos.
Mis promesas chocarán con las nubes
y llorarán la valentía que tú me arrasas.
Mi andar se para sin ver aún las metas
que, marcadas en blanco,
eclipsas con tu negro azabache.

Abrázame.
Diles a mis pocos míos que he partido al lugar
donde los silencios desenvuelven caramelos
y el tiempo son arenales para descansar
de tanta tormenta de vida.

Tu mano acaba de parar mi corazón.
El mismo que ha latido durante no muchos años,
pero sí las suficientes lunas.

Me voy. No me queda otra.
El equipaje lo llevo vivido, llorado y sufrido.
Marcho con mi mejor sonrisa.
La tuya.

Nunca des por muerto al herido
si su sangre aún está caliente.
Esos últimos coletazos cazarán tu propia alma
y se alimentarán de tu soberbia para acabar contigo.

"

Prisión

La prisión no siempre tiene puertas de hierro,
hay condenas sin cadenas,
patios con normalidad
y habitaciones con ansiedad.

A veces, el ruido de una puerta
te ensordece el pecho,
te encoge el oído,
te ciega el alma,
te atemoriza los ojos
porque la rabia te ejecuta sin ser juzgado.

La buena conducta no premia,
sino castiga.
Tu cabeza se agacha
y aguanta temporales
con calores infernales.
Los vis a vis son cortos
pero largos en tu mente.

No hay noche sin día,
ni río sin mar
ni grilletes sin llave.

Llegará el día D, la hora H
y de toda esa pena solo te quedará
el motivo por el que te dejaste encerrar.

Cocinando

Cocinando aprendí que tu sonrisa
iba acorde con tu paladar.
Te conquistó esa reducción de oporto
que hizo que me juraras amor eterno
con la servilleta en los labios.

Recuerdo esa madrugada sin sueño
pero con hambre de ti.
Saqué mi mejor receta,
y de entre tus piernas bebí.

Fueron tantas las miradas
delante de esos fogones,
tantos besos girados
marinando nuestro sexo
que la sal se volvió dulce
y la pimienta pecado.

Nos regamos por dentro
con nuestras esencias
y nos bañamos por fuera
con nuestros alientos.

Bendito sea el sabor de tu piel.
Buen provecho, nuevo comensal.
La digestión no es dulce,
léeme antes de morir.

Els que vivim el present
morim a les vint-i-quatre hores.
Demà será un altre dia, una altra vida.

"

Mis verbos

Llevo la fecha de caducidad sellada en mi frente.
Viejo para muchos, joven para menos.
Veo venas marcadas en mis piernas
que indican kilómetros de vida.
Mis ojos necesitan el refuerzo de unos cristales
para poder apreciar el paso del tiempo.

Todo eso es mi exterior.
Dentro de mí, otro gallo canta;
el de la juventud y el de la niñez.
Sale a las seis de la mañana para despertarme
y juego con la vida
hasta pasada la hora
en que las brujas se reúnen para compartir sabiduría.

Mis pulmones deben estar negros como los calderos de pueblo
donde se cuece la comida para los animales
y mi corazón debe empezar a latir a ritmo
de balada de los ochenta.

Pero mi cabeza es una feria.
Con su tiovivo, su noria, sus luces y sus músicas.
Bailo, canto, salto, dibujo, juego, escribo, río,
bebo, fumo, como, follo, actúo,
siento, lloro, pinto, creo, veo, oigo, hablo, grito, ando,
y todo lo hago estando vivo.
Porque también vivo, comparto, añoro, conduzco, sangro,
rabio, compro y vendo mi alma al más dulce demonio.

¿Qué mente envejecida hace todo eso?

Escribir es la manera que tengo de llorar,
actuar es mi forma de vivir.
Bienvenidos al infierno,
mi maldición es vuestro entretenimiento.

I si...

I si marxo sense despedir-me?
I si la meva tornada no té bitllet comprat?
I si ja vaig marxar fa temps i no m'has trobat a faltar?
I si no he existit mai?

Millor em quedo.
Em quedo sense ser ningú per a tu,
sense omplir el teu espai.
Sense que desitgis veure'm.

Entre marxar i quedar-me així
no hi ha diferència
més que la que em provoques tu.

Un cuerpo imaginado

La dibujo de día,
la sueño de noche,
me excita imaginar el sabor de su piel.
Las imperfecciones de su cuerpo
son creadas adrede
para hacer más real el encuentro,
el momento en el que pudiera sentirla.

Entre el deseo y el amor
hay tres paradas de tren;
una mirada, un orgasmo
y un abrazo de los que aceptarías la llegada de la muerte.

Llegué al andén sin prisa,
con el lienzo a punto
para sumarle un lunar, una marca,
un punto más de geografía
en su bello paraje.

No me atrevo a plasmar su sonrisa
ni su mirada
por complejidad y perplejidad.
Deshace el aplomo de mis manos
cuantas veces lo intente.

Si recorro un día su cuerpo con mi lengua
me detendré en los miradores de su ser
y disfrutaré de la galería de su arte.

Hoy dan lluvia.
Se retrasa.
No hay prisa.
Mi dibujo no se moja.

90

La font

Vull tornar a aquell carrer
on la font refrescava els nostres riures
i aquell banc tenia la forma de la nostra esquena.

Els nostres ulls s'anaven acostumant
a la foscor a medida que es feia fosc.
Els teus eren de color mel de romaní
i els meus feien de mirall de tanta bellesa.

A tres quarts de vuit arribava jo,
tu cinc minuts més tard
sabent que jo hi seria,
pensant que mai marxaria.

L'últim cop es van fer les nou
i no vas aparèixer.
Segueixen sent les nou,
vint anys després.

91

No saps mai a qui has de deure goig.

Iaia

Recordo la seva olor com si nedés
entre aigües de rosa i clavells.
Recordo la seva pell com el tacte
d'aquella bufanda feta a mà que tant abriga.

Recordo la seva veu perquè és el dial de la meva infància
i la memòria del per sempre.
Recordo la seva saviesa com l'enciclopèdia de la vida
i els seus consells com escut del maligne.

Cada gota seva de suor és ara la meva sang.
Jo estic fet de tu, dels teus valors.
Humilitat, sacrifici i amor.

Cada matí surts per donar llum i força a la meva jornada.
Cada nit m'abrigues amb el teu record.
Portar el teu cognom és responsabilitat i orgull
i per això oblidar-ho no vull.

T'estimo i t'estimaré sempre, iaia.

Que te dibujen entre flores y que ni el otoño te borre.

Seguiré siendo yo

Cada nota de esa canción
es de mi fe una fracción.
No hay dios que me guíe tanto
como mi propia ilusión.

Me hice solo,
a fuego alto,
quemándome en ocasiones
y dejándome a medio hacer
en otras muchas decisiones.

El arrepentimiento no es de mi agrado.
La música que me ha acompañado
nunca me lo ha cantado.
Mis actos son notas sostenidas
por mis voluntades más sólidas.

Seguiré siendo libre,
amaré en libertad.
Creeré en mí sin mirar atrás.
Escucharé los juicios gratuitos
desde casa y sin pagar entrada.

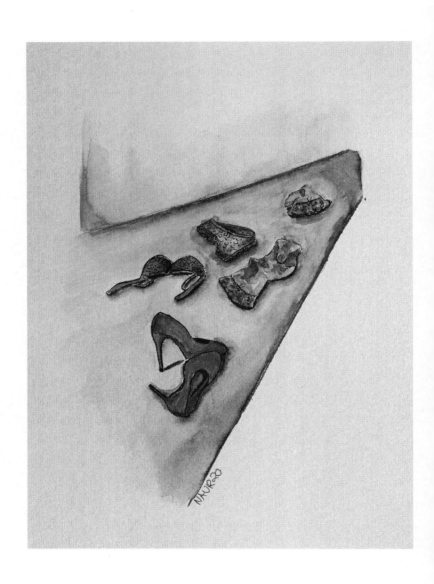

Paréntesis

Marcar el camino
desde la puerta al dormitorio
con la ropa en el suelo.
Me gusta ese pequeño desorden
dentro del orden
de primero te beso y luego me comes.

Todos esos minutos se convierten en un paréntesis
vacío dentro del tiempo
pero fuerte como para insonorizar la llamada de ningún deber.
Nuestro deseo se ejecuta
como si fuéramos máximos mandatarios sobre nuestro presente.

Aquí y ahora.
Que los últimos gemidos sean citas célebres
de lo que somos y de lo que queremos ser.

Hagamos una queimada con el arder de nuestro sexo y,
con el conxuro, invoquemos a nuestro demonio lujurioso
para no sentir el frío del dolor verdadero.

Fes de l'avui el millor demà.

"

Me la pela

Una mañana más mirando por la ventana.
No veo nada. Ni luz ni sombra.
El mismo decorado en el que cambia la temperatura y gracias.

Empiezo el día con un café de desayuno
y un cigarro de asentamiento.
El humo me recuerda al ayer y al siempre.
Mi fiel compañero, mi amargo asesino.
Consumo esa dosis de nicotina mirando al exterior,
imaginando cómo será el día.
Siempre con esperanza que muere al instante.

Es un día más, sin más, con menos y una pizca de igual.
Mi objetivo a corto plazo es dibujar sonrisas y a largo sonreír yo.
Mi arte me da vida, me hace sentir y me desnuda.
Me expongo a pecho descubierto, me dan igual las balas,
sean de plata o de plomo. Me siento inmortal.

Os podría decir que "me la pela" y, de hecho, os lo digo:
"Me la pela". Y digo que "me la pela" porque a los mismos
que quieren acabar conmigo les da igual mi armadura.
En cambio, los que me quieren, agradecen el tacto de mi alma.

Vuelve a ser de noche.
Entierro el día igual que lo empecé:
con un café de cierre, un cigarro de costumbre y un pensamiento:
Tú.

Nos gustó jugar a ser dioses
como buenos agnósticos
y la realidad nos abofeteó
como a auténticos creyentes.

"

¡Corre!

¡Corre! Te persiguen.
¡Salta! Hay trampas.
¡Grita! Quizás alguien te escuche.
¡No tiembles! Huelen el pánico.

¡Sufre! El dolor está en tu pecho.
¡Sé fuerte! Aún vives.
¡Aguanta! No son tantos.
¡Lucha contra tus miedos!

Nubarrones de interior

No hay nubes que amenacen más
que las formadas en el pasado del ser.
Cuando debe fraguar el cemento de nuestros pilares,
si la tormenta es fuerte,
hace que de mayor nuestra mente tambalee.

Terrores, iras, contratiempos, grises, negros…
todo aparece de la nada para derrumbarte.
Te nubla el consciente,
hiere al visceral
y muerde el inconsciente.

Nadie se da cuenta de que el dolor de hoy
es el llanto del ayer.
Busca, rasca, hurga en tu espíritu
habla con el niño que fuiste,
seguro que el mal que recibió
ahora lo llevas de legado.

Su ausencia es el frescor de tu almohada.

"

El calor de ti

Soy la ceniza de mi propio fuego
y aún queda algo de la llama que tú encendiste.
Por mucho que quiera escapar
estoy atrapado en el brasero
que tú misma supiste armar.

A veces viajo al frío
para librarme de tus garras
y otras las busco en el calor de tus sábanas
que ahora solo mojo de lágrimas.

La decisión de alejarme de ti
y de llevarte conmigo en mí
la tomé para tener tu calor
y no quemarme con el rencor.

Teràpia

Quan escric des del dolor
les comes es converteixen en tiretes,
els punts són analgèsics
i les paraules els meus gemecs.

Tractaments en forma de versos,
teràpia de consonants buscant vocals
per trobar carícies.
Espais de descans i repòs.

Espero trobar efecte a aquesta patologia,
tan silenciosa i venenosa
que podria deixar-me sense paraules
i tu no sabries mai que ha sigut de mi.

(Entre somriures et demostro que estic bé).

Tu mente

Si por estar en tu mente soy el malvado,
por estar en tu deseo debo ser el soplido ardiente
de un demonio astuto.

Interrumpo tus sueños sin cita previa
y permanezco en tus despertares despeinados
con mi mejor sonrisa
mientras tu cordura aliviada me repugna.

Un frío interior azota con fuerza tu calor.
El contraste te rompe la razón y te embarga el control.
Lucha tu cielo y tu infierno y siempre gana
el rojo de nuestra pasión.

Soy sustancia de vida que excita tus silencios,
la droga que tu mente ansía.
Entrecorto tu respiración sin hacer nada,
bajo tus cremalleras como si de un ente extraño se tratara.

No busques respuestas en otra vida,
hazte preguntas en esta.
Yo no existo.
Tu deseo sí.

Sientes miedo.
Mañana volveré.

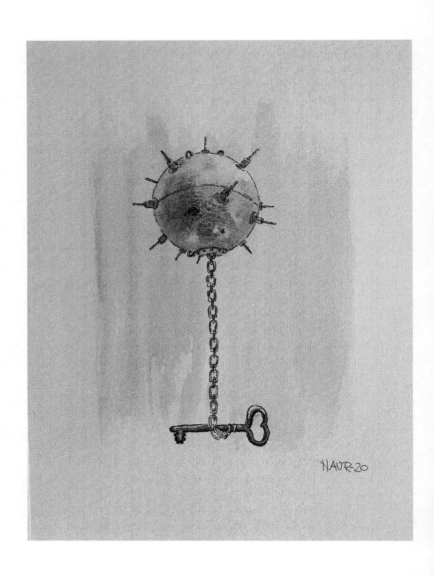

110

Combatir en vida

Empecé a combatir sin saber luchar.
Campos de batalla como páramos,
llenos de minas y adversidades
que han querido arrebatarme la niñez
para acabar con mi imaginación.
A ella se le teme más que a mi fuerza.

No conozco la derrota,
aun habiendo perdido mil veces.
Si la veo, la miro como a cara anónima que nada te dice.
En mi espalda sí está su firma,
pero a modo de confianza para el adversario.

Guardo silencios que me comen por dentro
y alquilo espacio para secretos dañinos.
Todos me han esculpido con las mayores imperfecciones
pero con una firmeza que perdurará
hasta que mi carne sea merienda de buitres sin metáfora alguna.
Espadas atravesando mi corazón
y nadie ha dado con la llave de tan recóndito almacén.

Cada llanto ha sido para apaciguar la sed
que me genera la lucha.
Las lágrimas de los demás para secar la venganza,
la de los míos para convertir en acero mis gritos.

Veintiuna batallas para casi el doble de otoños que forjan mi ser.
Contadas todas, sufridas la mayoría,
infinitas por llegar.
Preparado me encontrarán.

La muerte me tuvo de rodillas,
mi sonrisa la desconcertó y enfadó.
Me condenó a seguir sufriendo mis errores
dejándome vivir.

Que la vida

Que la vida no es larga ya lo sabíamos.
Que podía ser tan corta ni puta idea teníamos.
Un día soñé con el mañana
y el ayer me despertó.
El pasado pesa más que el presente
y el futuro no es ni aire en ocasiones.

Tengo pesadillas con tu ausencia
y erecciones con tu recuerdo.
Eyaculo al aire y mantengo mi calma,
si no lo hago mi cordura se queda en blanco.

Algún día crearé un texto tan bonito
que se lo recitaré a la luna y te despeinará.
Pero eso será algún día.
De momento dormiré
y apostaré en contra de las pesadillas.

Mi alma al mal

Ciego de tanta luz,
harto de tanta bondad hipócrita,
agotado de hacer un bien al ajeno
sin tener muestras de retorno.

Te entrego mi alma para que tu fuego
borre las marcas de la decepción.

Déjame ver en la oscuridad,
permíteme vivir eternamente
en los brazos de la muerte.
El cielo es una utopía inmensa
donde el bien no se agarra y se desvanece.

Me quedo en el mal que habito.
Prefiero ser un siervo del malvado
que una víctima injusta de Dios.

Voy a arder.
Inmune a todo lo demás seré.

Catalunya

Terra estimada i plena de llum.
La Ginesta, el romaní i el lilà
donen color i olor als nostres camins.

Trajectes amb pedra treballada
que comuniquen pobles plens de bona gent.
Un país amb llengua pròpia
i la riquesa de tenir-ne moltes més.

Places plenes de cultura,
carrers oberts a tothom,
balcons amb un somriure
i mans esteses per acollir.

Tenim un paviment plorat,
un asfalt per caritat,
unes llars de foc, vistes des de l'exili,
que fan senyals de fum
mentre el vent bufa per acaronar-te l'ànima.

Però camina-hi.
Camina-hi...

Cap al nord sentiràs olor a perfum francès,
cap al sud a la bona mar,
a l'est hi trobaràs la força de la gent
i a l'oest la riquesa de la terra de ponent.

Allà on vagis trobaràs
una porta sense clau
i una taula generosa
per donar-te la benvinguda a casa.

Aquest és el meu petit gran país.
Catalunya.

Fue el negro en la escala de grises
y cuando solo los usaban para brillar más,
los fundió a su merced.

"

Danzando

He visto ojos cuyo propio brillo
no me ha dejado mirar,
pero su luz me ha deslumbrado
para no ver nada más.

Hay personas que sin bailar
perpetúan sus danzares en tus caderas,
llevando a tu corazón músicas tan generosas
que no llevan derechos de autor.

Viviendo aprendí
que en cada silencio hay una palabra
para leer el momento y que en la muerte
de bien seguro nos espera un libro eterno
para plasmar tanta belleza no pronunciada.

Cuando el pueblo se quede sin bailes,
hasta el sordo echará de menos la música.

Un nuevo principio

Se acaban las noches largas
y empiezan los días eternos.
Soñar a media mañana
y frustración como merienda.

La dureza de la vuelta
se va a digerir con la distinta realidad,
algo me dice que nada será igual.

El pasado que no está en el presente
no me acompañará.
Voy a desempolvar la maleta,
pero con ropa nueva de entretiempo.

El calor no es calor sin ti.
El frío es menos helado sin ellos.

Avanzaré al ritmo de la evolución,
agachado de un principio
hasta estar firme otra vez con ilusión.

Compartits amb persones importants

Durant les llargues nits de confinament l'insomni i la creativitat es va apoderar de l'ànima d'algunes persones.

A continuació us deixo alguns dels poemes que amb altres quatre meravelloses persones, mitjançant whatsapp, vam crear estant cadascú a la seva llar sense poder dormir i sense saber que passaria a l'endemà.
Vers a vers. Compartint alè a quilòmetres de distància.

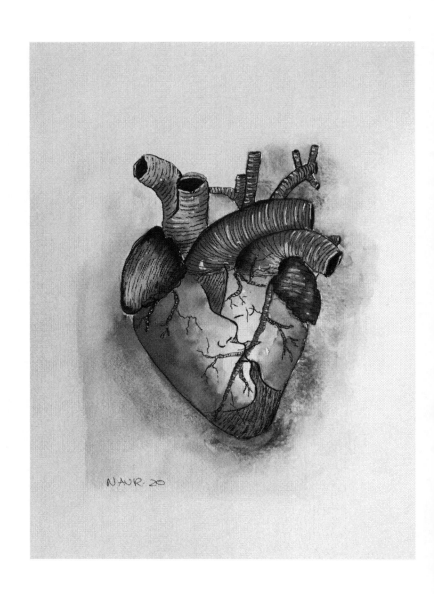

Sentir

El ombligo de mi alma
no tiene tu cordón.
No sabe distinguir,
no quiere marchitar.

No estoy tan lejos de ti
como para no sentirte
ni muy cerca para tenerte.
Ayer no es hoy, mañana quizás.

Pero hoy déjame venir, llegar...
déjame aullar mañana.
Presiona el latido,
no es mío, es nuestro.

Prométeme que mi tacto
será velcro en tu piel.
Que el compás de ese latir
sea nuestro baile y el único sentir.

Solo si al jurar derramas mi hielo,
si el tambor acompaña la embestida
de un alma alquilada...
de un cuerpo hipotecado.

Fui inquilino de tu sexo,
amante de tu arte
y esposo de tu ser.
¿De verdad necesitas juramento?

No hay préstamo sin interés
más que el que tú quieras concederme.
Y, si deshidrato tu ser,
el cheque será en blanco.

Bebe de mí.
Aún llevo de ti.
Llevo tu perfume en mi sudor
y tus últimos gemidos en mi memoria.

Saciando mi sed contando tus alientos,
entre chasquidos de lengua y batidos de placer,
escucharé tu mordisco
amoratando nuestro orgasmo.

Siénteme, mírame...
Ese es el brillo de ojos
que ha hecho de cordón.
Quemaste tu nombre en mi corazón.

Èlia Ríos y David Sas

Impregnada de ti

Confundo los días sin ti con las noches contigo.
No paro de oler la ropa que llevaba anoche,
me dejas impregnada de ti.
El café del despertar es deseo soñado.

Me asusta pensar en las horas vacías
que me quedan hasta volver a ver tu luz.
Mis sombras son tus miradas,
tus destellos mis sonrisas,
nuestras noches eternas pasiones.

No existe escondite en tu piel
que no conozca el roce de mi lengua,
ni ilusión por hacer que no sea con tu cuerpo y alma.

Tengo la sensación de tenerte aun estando tan lejos.
Cada brisa en mi piel es una caricia tuya en la distancia.
Cuando no estás escucho nuestra canción,
la del silencio que me susurra y me desnuda.
Que me susurra y me ama.

Èrika Vico "Naur" y David Sas

127

Rosas de asfalto

El loco vendía cordura en un callejón,
el ciego se enamoró de una mirada,
la tarde despertó al gallo perezoso
y el sol amaneció en poniente.

Una voz sin cuerdas vocales,
unas manos que no agarraban,
un venir a no sé cuando,
un llevarte a no sé donde.

Qué lejos de la realidad parece,
qué cerca está del mundo en el que vivimos.
Llegará el día en que no podamos saltar un muro
dibujado en un papel y las rosas sean de asfalto.

Las sonrisas serán llantos ahogados,
los juegos de niños inacabados,
el desamor combatido por lo amado.
Gris será el color de los escaparates.

¿Dónde habrán quedado esos versos de poeta
que auguraban tiempos de esplendor?
Hoy la tinta de sus plumas serían lágrimas de decepción
con las comas como silencios eternos.

Las rimas réquiem para los no muertos,
los amantes serían los eternos solteros
viajando sin rumbo fijo, sin ilusión
entre páginas de un libro en blanco con polvo en su interior.

Aún hay tiempo para escuchar al sentido común,
convertirlo en global e intentar que las flores sigan oliendo a flor,
el sol se acueste en su cama,
el madrugador sea el gallo
y el ciego se enamore de un gran corazón.

Cantos y gritos de manos entrelazadas,
abrazos a los que vienen en la hora acordada
llevándonos a un mundo más certero
a realidades que fueron enmascaradas
por aquellos que no supieron vivir la vida tal y como fue creada.

Esther Fernández y David Sas

Sentimiento visceral

Amontonados en sangre de diminutas perspicacias,
retozan en nubes desteñidas de amaneceres.
Impulso mi cuerpo hacia la cima de un soneto
sujeto al cordón que unió en su día
la pasión de seguir danzando.

Una vida con múltiples sueños,
plasmándolos en cada uno de los atardeceres
que anunciaban su propia muerte.

Retozo en sanguinarias charcas
de dulce souvenir y agria postal,
de muerte propia o ajena,
encogiendo alma y alimentando mente,
derrochando espíritu, descargando trasquilones.

Corta pelo, arranca mechón, planta raíz.
Tierra de mí, savia de todo.
La niebla del olvido perpetúa mi mente
dejando huellas invisibles imposibles de divisar.

Mi cuerpo pide un rincón donde reposar
esta alma cansada de divagar.
Siento que mi pesar despierta
después de ver como las alas de los ángeles
despeinan mi cordura y mi lucidez.
Repiten su nombre en cada serena noche.

Dadme esas alas, romped sus plumas.
Sacian mis manjares y digieren mis atascos
que relucen de errores y puestas en pie,
de acometidas y retiradas prematuras,
de salivas y escupidas, de sentires y pesares.
¿Cinturones o viajes?

Dejadlo en pasajes y hacedlo viajes.
Retira juramento y moja firmamento
con cordón ralo tus voces
y susurros mis partidas.

Èrika Vico "Naur", Èlia Ríos y David Sas

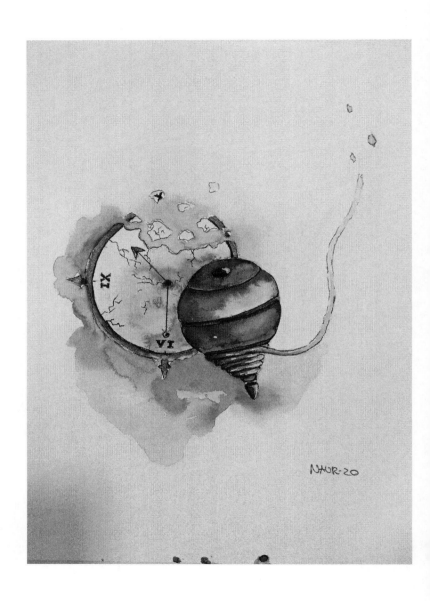

Infància mai oblidada

Necessito jugar amb les joguines
que en el passat van ser refugi
i ara serien tupides cortines
perque el malestar no em desvetlli.

Llegir els vells contes populars
on era el protagonista l'heroi,
omplint estanteries de somnis
ara baguls de càrregues infinites.

Aquelles nits llargues d'estiu
a la plaça del poble jugant a fet i amagar
amb els nervis de no ser trobat
i demanant-li al rellotge que no corri.

I ara és el rellotge qui implora,
incendiat pel frènetic ritme, que pari,
que surti de l'amagatall, no té lògica seguir amagat
doncs ara estic en una rotonda sense sortida.

Rebent mirades intermitents
per part dels remitents que m'envien
rebuts de penes pagades amb suor
i patiment mai imaginades en el passat.

Copets a l'esquena doblegada
on abans duia una motxilla plena d' il·lusions,
ara és tan sols una mula de càrrega,
un geperut on tothom posa cullerada.

Viure en soletat rodejat de multitut
és com ser agnòstic en una missa
de dotze amb olor a vermut.
Tothom té alguna cosa perquè jo li transporti.

Però tot té un principi i un final
i com que vull tornar a jugar, a llegir, tenir temps,
ser humà i no pas animal o marginat,
paro de girar, apareix la sortida, ara cap endavant.

Esther Fernández y David Sas

Estás en mí

¿Cuánto debe quedar para llegar a lo que uno no busca
si, en el GPS de las dudas,
la distancia y el tiempo son interrogantes
y las líneas que marcan su tiempo están borradas?

Nunca entenderé
porque un rastro tiene que dejar huella
pudiendo dejar sangre.
Nunca entenderé
porque me arrastro ante las huellas,
si sé que prefiero desangrarme.

Que mi sangre sea mis anhelos
de aquellas palabras que ayer
no pronunciaste
pero yo escuché.

Mierda, no sé si son psicofonías
o si me estoy volviendo loco,
pero me explota la cabeza
como apnea sin fondo.

Sin verte te miro,
sin conocerte te deseo,
sin oírte te creo
y sin soñarte me despiertas.

Me arrodillo ante el altar de tus marcos sin foto,
lloro cuando se aparece tu imagen sin rostro.
No eres nadie. Lo eres todo.
Por eso, cuando respiro bien hondo
tus fantasmas me invaden, me congelan
hasta sacar gemidos como llantos.

Recorres mi espalda erizándome la piel,
besas mi alma
vendida a tantas postoras
que no supieron merecer.

¡Basta de subastas! Si no soy tuyo no soy de nadie.
Deja de fingir ese deseo que te invade y
haz que suden mis ganas.
Sin ti soy un adicto al contigo y teniéndote soy
un esclavo del amor.
Toma mis manos, te concedo mi libertad a cambio de tu lealtad.

Pero cuando te creo tangible,
recordando que estás hecha con la tela de los sueños
y rellena del humo que expulsan los cigarros,
recordando tu currículum de más de cien hojas
marcadas por el diablo...
es ahí donde me invade la duda.

Te he buscado tanto que, ahora, todo y no estar, estás.
No pueden ser tan efímeras mis plegarias
ni tan en vano tus besos anhelados.
Has estado tan presente con tu ausencia,
que tu no perfume ya solo me recuerda a ti.

Han sido tantos crucigramas hasta llegar a tu alma
que una vez resueltos
no significaban nada para ti
y todo para mí.

Me siento solo en un camino
donde flores, piedras, saltos y barrancos
repiten el eco de tu nombre.
Un nombre que no he pronunciado aún
y que perdura en mi más profundo ser.

Esther Fernández, V. Pulido y David Sas

En el casino de la vida apostando mis segundos contra el tiempo

Caminar de noche, pero con un rumbo fijo,
seguido por la sombra que dibuja la luna en el suelo.

Iba yo perdido,
pero con ganas de encontrarme,
y a pesar de ello
todas mis brújulas habían perdido el norte,
como yo.
Deseaba que no saliera nunca el sol,
pero vivía en un constante amanecer.

Era costumbre jugar contra el tiempo,
aunque siempre me tocaba perder.
Apostaba segundos, minutos y horas,
todo al rojo de la sangre.

No era ludopatía, era nostalgia de mi otro ser,
y un puto reloj que me hacía vudú clavándome sus agujas.
Creo que yo mismo he sido mi brujo y mi hechicero,
mi magia sin tapete ni trucos.

Mi gran actuación ha sido sin público,
y de la chistera solo salían chistes que se reían de mí.
La satisfacción que me dio esa noche,
fue el aplauso de la vida.

V. Pulido y David Sas

·Esther Fernández: @estherferex
·V. Pulido: @vpuntopulido
·Èrika Vico "Naur": @elssomnisdenaur
·Èlia Ríos: @eliarioscorrectora

Fins aquí

Hem arribat fins aquí.
Valorem l'avui,
dediquem-l'hi somriures a l'ahir
i fem que el demà, si no el podem viure,
sigui un present millor per els que vindran.

Que cada llàgrima caiguda sigui aigua,
cada gota de suor beguda per la terra que deixarem
i cada gest de bondat,
siguin exemple pels llibres d'aprenentatge del futur.

Desitjem bo i donem millor,
que per nosaltres no sigui.

Salut i riures per tothom.

David Sas

El caballero de corazón sonriente

Socarronería, pasión,
espíritu, humor...
comedia de puro habano
y público malcriado.

Sonrisa de pareado
en escenario herido
de telón desgarrado
y aplauso confinado.

Leyendo entre líneas,
trazando su mapa,
deshojando desidias,
presentando batalla.

No perecerá, bien lo sabe,
no permitirá, su luna no cae.
Ni armadura ni coro,
a pelo defiende su modo.

Y con sonrisas acariciadas
afronta su batalla,
sin espada ni escudo
pero con sonrisa abanderada.

Èlia Ríos.
Para David Sas.
Agradecida y entusiasmada.
Siempre.

Epíleg

La vida y el azar decidieron que el 2020 iba a ser un año caótico, que estos doce meses estarían llenos de tragedias que cambiarían la normalidad a la que estábamos acostumbrados. El resto es historia.

Y ciertamente, allá por marzo, las agendas desdibujaron sus días convirtiéndolos en una especie de monotonía desconcertante, en una confusión repetitiva, en un aburrimiento cíclico. El resto también es historia.

Pero de esta extraña situación, como de todo lo negativo que nos sucede en esta vida, también nacieron muchas cosas positivas. Entre ellas gente que se dedicó a invertir horas de su moneda más valiosa, el tiempo, para entretener a los demás sea con humor o con poesía. Y sí, esto es historia, sobre todo la tuya, David.

Yo puedo presumir de que formé parte de ella. Puedo presumir de coprotagonizar largas noches que se hicieron cortas gracias a los versos. Compartí momentos únicos con un amigo que rebosa talento. Caminé junto a ti en el sendero más raro de mi montaña vital.

Y ahora soy yo el que escribe el primer epílogo de su vida. Y créeme, es un honor indescriptible formar parte de las últimas páginas de tu libro. Aunque creo que me equivoco al describirlo así, porque esto no es un libro, más bien es como abrir un álbum de fotos para revivir con nostalgia instantáneas de una época que creíamos que íbamos a desear borrar de nuestra mente.

Pero no, sacaste el oro de la mierda. Hiciste magia, sin conejos ni chisteras, y uniste a un montón de gente que se volvió adicta a todo lo que te rodeaba y lo apoyaba sin ningún miramiento. (También brindo por ellos, por vosotros, si me leéis).
No pensé que cuando te pedí que escribieras el epílogo de mi libro, un día podría devolverte una de tus frases. Pero aquí va:

"David para mí es un amigo, un compañero. Y ahora, yo soy su fiel lector."
Te quiero.

V. Pulido

ÍNDEX

Poemes compartits

Printed in Great Britain
by Amazon